MYNAVI BUNKO

仕事も恋も人生も!
幸せな女性になるための
45のヒント

あきたいねみ 著

JN134734

マイナビ

はじめに

仕事も恋も人生も！
自分らしく生きるヒントはヨーロッパにあった！

私は二〇一三年の夏、八五日間掛けてヨーロッパを一人旅しました。「女性の幸せの探求」が人生のテーマである私は、ヨーロッパで暮らす女性の生き方が知りたかったのです。

日程の約半分をドイツで過ごしました。ほかにも、イタリア、イギリス、アイルランド、ベルギーを訪れ、多くの女性たちに逢ってきました。

旅を終えて分かったことは、ただ一つ。ヨーロッパで暮らす女性と日本の女性は、
「時間とお金の使い方」が違いました。
つまり、命の使い方が違ったのです。

このことは、私にとって衝撃的でした。

〈仕 事〉
残業はしない。
ホリディを年に五週間とる。
処遇も意識も、男女の差がない。

〈恋〉
お年寄りがパートナーと手を繋いで歩いている。
夫婦が腕を組んで歩いている。

恋人同士が、お互いに見つめ合っている。

〈人生〉

年齢を重ねて、女性は魅力的になっていく。

音楽やダンス、料理や手芸など一芸を持っている。

クリスマスや誕生日、記念日を丁寧に祝う。

違いを知ることで選択肢が増えます。仕事も恋も人生も！

あなたは、もっと自分らしく生きられるのです。

本書は、あなたが「周りの人や社会に配慮しながらより良く生きるためのヒント」を分かりやすく「魔法のことば」として伝えています。

幾つになっても「愛される女性」であるためのヒントであり、あなたが「自分らしく幸せに生きる」ためのヒントです。

「悪くはないけれど、なんかパッとしない」

「仕事は充実しているけれど、そろそろ大台。このままでいいんだろうか……」

等々、漠然とした不安を抱えているあなたに、

「女性に生まれて幸せ!」

と、心から思える人生を歩んでいただきたい。


それが、私の想いのすべてです。

著者　あきたいねみ

仕事も恋も人生も！　幸せな女性になるための45のヒント　目次

Chapter 3　愛される女性は「仕事・社会観」がちがう

Chapter 4 愛される女性は「恋愛・家族観」がちがう

Chapter 5　愛される女性は「人間関係」がちがう

Chapter 6 愛される女性は「毎日の習慣」がちがう

Chapter 1

愛される女性は「生きる姿勢」がちがう

相手を優しい気持ちにさせる
笑顔の素敵な女性は、
自然にナチュラルな生き方が
魅力的に輝く。

≪ A woman shines from 30 years old. ≫

1-1

嫌いなところもある自分を、あるがままに受け入れる

悩める女性のカルテ

「苦手なところを克服したい」
「嫌なところを直したい」
「どうしても自分のことが好きになれない」

あなたは、自分のことが、好きですか？

あなたの目の前に一つ、ガラスのコップを用意してみてください。そのコップの中に、自分のことがどれくらい好きか？　実際に水を注いで表してみて欲しいのです。

コップが水で溢れますか？　それとも、半分くらい？　もっと少なかったりしますか？　このコップは承認のコップ。自分で自分にどれくらいＯＫを出しているかを表しています。

自分のことが好きか嫌いかって、とても主観的なことです。誰かから「もっと、自分を愛しなさい」と言われても……、という人も居るでしょう。

でもどうやら、自分に対して優しくできる人は、他人に対しても優しくできるようです。自分に対して厳しい人は、ついつい他人にも厳しい目を持ってしまいます。

自分のことが好きになってコップから水が溢れると、それが優しさとなって誰かの心に届きます。自分のことが好き、と言っても、自分の姿かたちにうっとりするようなナルシストではいけません。

もっと、深いところで自分を愛している、心の充足感が大切です。

「あなたの苦手なことは、何ですか？」

本当ならできて当然なのに、苦手なこと、できないこと。

「あなたが、自分の嫌なところはどこですか？」

できれば直したいところ、目を背けたくなるところ。

苦手なことを克服しよう、とか、嫌なところを直そうとせず、それらをそのまま受け入れてみたらどうでしょう。

愛される女性の魔法のことば

不完全な自分で良しとする。

不完全な自分で良し、としましょう。

できる自分、できない自分。できるところもできないところもある自分。それをそのまま受け入れるのです。

もっと素敵な自分になりたい、このままじゃだめだ、と考えることを止めにして、できるところもできないところもある自分を、そのまま受け入れるのです。今のままの自分にOKを出してみるのです。

すると、あなたの中から優しさが溢れてくるのです。

≪ A woman shines from 30 years old. ≫

1-2

いつもポジティブでいようとするから、反動で落ち込む

悩める女性のカルテ

「自分を奮い立たせて頑張っているんだけど、続かない」
「どうしても実力以上の自分を出し切ろうとしてしまう」
「一人になると、悲しくなる」

ポジティブに生きることを大切にする人が居ます。いつも前向き、明るく楽しく生きようという生き方です。

「今日もハッピー」

「最高についている！」

それは一見、幸せそうに見えます。

でも、中にはいつもポジティブでいようとするあまり、その反動に苦しむ人もいるようです。

どうしてそんなことが起こるかというと、光の裏には同じ量の闇があるからです。

少々、ポジティブ気味に生きることは大切ですが、いつもポジティブは危険なのです。

ポジティブに生きるということは、平常心よりも高いところに気持ちを置いて生きるということです。するとある時、ドーンと落ち込むときがやってきます。プレートが反発して跳ね返り、地震が起こるようなイメージです。

平常心で、生きましょう。

あなたの心のままに生きるのです。

美しいものを美しいと感じ、悔しいときには悔しさを噛《か》みしめ、面白いことは声を出して笑う。
とてもナチュラル。自然な自分です。

落ち込むこともあります。へこむこともあります。それが、生きていることの証明、あなたらしさです。

いつの瞬間も、自分の気分や気持ちに素直になりましょう。
朝起きたら、「おはよう、今日はどんな気分?」と、自分に聞いてみましょう。

上司に叱られたとき、彼とケンカしたとき、何もかも思うようにならないとき、「今、どんな気持ち？」と、自分に聞いてみましょう。

そうしていると、喜怒哀楽の感情を豊かに味わうことができるようになってきます。

だんだんと、あなたらしく生きられるようになってきます。

愛される女性の
魔法のことば

平常心で生きる。

≪ A woman shines from 30 years old. ≫

1-3

年齢や容姿に関係なく、一瞬であなたを美しく魅せる方法

悩める女性のカルテ

「落ち込みやすい」
「気分に影響されて、気がついたら猫背になってしまう」
「どうしても目線が下を向いてしまう」

歩く姿、立ち姿、座り姿、一瞬で美しく魅《み》せる方法があります。
それは、背筋を伸ばすこと。すっと背筋が伸びた女性は美しいものです。

その場で立ち上がって、背中をまっすぐ壁にくっつけてみてください。カカトと頭を壁にくっつけると、身体が真《ま》っ直《す》ぐになります。

どうですか？　ちょっと、違和感がありますか？　違和感があるということは、いつもちょっと前かがみになっているということです。

背中を真っ直ぐにするだけで肩こりが治《おさ》まったり、O脚が真っ直ぐになったり、背が伸びたりする「気分」が味わえます。

例え、それは気分だけ。実態が伴うのには時間が掛かるとしても、「気分を味わう」ことができたら、必ずその方向へ近づいていています。

昔から美しい女性を「立てば芍薬《しゃくやく》、座れば牡丹《ぼたん》」というように、女性の美しさは花に例えられます。

花は茎が真っ直ぐ立っているから素敵なのです。背筋がピンとした佇《たたず》まいは、女性を何割も増して美しく魅せます。

また、背筋を伸ばすと、視界が変わります。目線が上向くのです。すると、脳に信号が送られ、「気分」が明るくなります。

「気分」が明るくなると、その「気分」が表情に現れます。明るい表情になるのです。

私たちの体と心は繋がっています。背筋を伸ばすことが、気分に影響して、気分が表情を変えるのです。

さらに、あなたの明るい表情が家族や友だち、職場の皆へも伝わります。あなたを中心に周りが明るくなるのです。

背筋を伸ばしましょう。

背筋を伸ばすと見えてくるものがあります。それは、幸せです。なぜなら、人生は幸せに向かっているからです。

私たちのゴールは幸せです。ちょっと背筋を伸ばして人生の先を見ることができたら、そこには幸せがあるのです。

愛される女性の
魔法のことば

背筋を伸ばす。

≪ A woman shines from 30 years old. ≫

1-4

心まで装わず、自然体で生きる。仕事中もナチュラルに

悩める女性のカルテ

「職業柄、営業スマイルが板についてしまった」
「自然に振る舞おうとしても、表情がつくれない」
「気を遣い過ぎて、疲れてしまう」

ヨーロッパを旅してみると、ヨーロッパ人と日本人の表情には違いがありました。

ウィンドウショッピングをしているとき、ドイツの店員さんは、「ハロー」と声を掛けてくれますが、そのとき特別な笑顔はありません。ほぼ無表情です。

日本の店員さんだったら「いらっしゃいませ！」と弾む声と笑顔で迎えてくれるので、ドイツ人のそっけない対応に、最初はちょっと違和感がありました。

しばらくすると、私はドイツ式の迎え方のほうが楽でいられることに気が付きました。お店に長く居られるのです。ゆっくり商品を眺めたり、使い道をイメージしたりできるのです。

「いらっしゃいませ！」「何かお探しですか？」「試着をどうぞ」「お似合いですよ」と満面の笑顔で接客されるより、「どうぞ、ご自由に見てくださいい」と迎えてくれたほうが、買い物を楽しめたのです。

日本の女性たちは、相手を気遣うあまり、ちょっと不自然になってしまっているのかもしれません。

もっと自然に、ナチュラルに生きていいんだと思います。

ドイツの店員さんがニコッと笑顔を見せてくれたのは、私が購入を決めたその瞬間です。

嬉しい時は、素直に喜びましょう。

自然にナチュラルに生きるということは、「嬉しい」「楽しい」「ワクワクする」瞬間にニコッと笑顔になる、ということだと思います。

商品が売れて、嬉しい。
あなたと一緒に居られて、楽しい。
新しい物を見つけ、ワクワクする。

いわゆる営業スマイルは、相手に不快感を与えてしまいかねません。無理に笑う必要はないのです。本当に嬉しい時に自然に湧き起こる笑顔が何より美しいのです。

愛される女性の魔法のことば

嬉しい時は、素直に喜ぶ。

≪ A woman shines from 30 years old. ≫

1-5

夢は実現しなくとも、夢を描くことで「今」が幸せになる

悩める女性のカルテ

「厳しい現実を知ってしまったので、夢を見ること自体が虚しい」

「夢が叶う人なんて、100 万人に 1 人も居ないはず」

「夢ばかり見ていられない。そろそろ諦めることが大切」

あなたの夢はなんですか？

私はこのシンプルな問いを「ドリームマップ®」という活動を通して、かれこれ十年以上続けています。

「ドリームマップ®」とは、自分の夢や希望を台紙の上にビジュアル化して表現する目標達成のためのツールです。子どもから大人まで対象は問いません。

あるとき、五歳の女の子に尋ねました。

「あなたの夢はなんですか？」

彼女は、「王女様になること」とはっきり答えてくれました。

私は、フランスに住む王女様。王女の名前は、リンカです。王子様は、いくと君。宝物は指輪とネックレスとブレスレット。毎日お家のなかで野菜を食べて勉強しています。猫の名前はアリア。友だちは四人いて、ブランコや滑り台で遊んでいます。

彼女は、この夢を「ドリームマップ®」に描いてくれました。そして、王女様の衣装に着替え、「ドリームマップ®」を大人の前でイキイキと発表してくれたのです。

そこに居た誰もが、また、そこに居ない誰でも、この話を聴くだけで嬉しい気持ちになりました。

夢にはチカラがあります。

周りの人たちを幸せな気分にさせることができます。

そして誰より描いた「ドリームマップ®」で幸せな気分を味わったのは、彼女自身です。

五歳の彼女の心の中には、フランスの王女様が住んでいます。そして、フランスの王女様としての人生も同時に味わいながら生きています。

私たちの脳は、現実と夢の世界を同時に生きることができるのです。もしも今、現実の世界が思わしくない状態だったら、夢の世界を楽しく描いてみてください。

夢の世界に不可能はありません。叶うとか叶わないとか、そんなことはこの際問題ではありません。

夢を描くと今が楽しくなる。

それが、夢のチカラなのです。

愛される女性の
魔法のことば

夢にはチカラがある。

≪ A woman shines from 30 years old. ≫

1-6

ひと一人のチカラは、微力かもしれないけれど無力ではない

悩める女性のカルテ

「テレビのニュースを観るたびに憂鬱な気持ちになる」
「悩み事を数え上げたら切りがない」
「ストレスが溜まって、肩こりや肌荒れがヒドイ」

毎日、ゴキゲンですか？

「ゴキゲンな毎日を送ること」は、夢のようなことです。これが夢でありうるのは、それを実現することが難しいからかもしれません。

ゴキゲンであるには、まず体調がいいこと。そして、お腹が減っていないこと。さらに、悩みがないこと。経済的な不安や、仕事やプライベートでトラブルを抱えていないこと……。

さらに、ゴキゲンは、家族のゴキゲンの影響も受けます。一緒に暮らしている家族や、実家の両親、仕事や趣味の仲間たちがゴキゲンであること。

テレビや新聞などマスコミが報じるニュースも、サブリミナルにゴキゲンに影響を与えます。

直接被災をしていなくても、3・11大震災の後、「なんとなく鬱《うつ》っぽい」症状を体験した人も多いのではないでしょうか。

地球のどこかで戦争が起こったり、その戦争によって傷ついた子どもたちのことを思ったり、飢餓《きが》で苦しむ人々のことを考えただけで、ゴキゲンではいられなくなります。

失われる自然、絶滅に追い込まれる動物、そんなことを知れば知るほど、憂鬱《ゆううつ》な気分になります。

世界の平和を願う。

自分や大切な人がゴキゲンでいるために、世界の平和を願いましょう。

そして、憂《うれ》いや心配を口に出したり、悲しみや苦しみを声に出すより、世界の平和を願いながら、感謝と愛の気持ちを持って日々より良く生きることを心掛けましょう。
ひと一人のチカラは、微力かもしれませんが、無力ではありません。
あなたの平和を願う気持ちが、必ず世界の平和に繋がります。
あなたが愛に生きることが、必ず誰かのチカラになります。

愛される女性の
魔法のことば

世界の平和を願う。

≪ A woman shines from 30 years old. ≫

1-7

ナチュラルでお洒落な女性が選んでいる「生き方」

悩める女性のカルテ

「着飾らないと怖くて外を歩けない」
「流行を追い求めると、お金が掛かって仕方ない」
「自分に似合う服が分からない」

「ナチュラルに生きる」という言葉が雑誌の表紙を飾ったりしますが、ナチュラルに生きる、とは、どういうことなのでしょうか。

ナチュラル思考の強いヨーロッパに暮らす日本人女性と接したとき、「え？」「あ、また？」「この女性もそうなんだ！」と、驚いたことがありました。

それは、彼女たちがあまりにナチュラルだったからです。

爪は爪のまま、髪は髪のまま、顔は顔のまま。
どういうことかというと、ネイルもカラーもメイクもしていないのです。特に髪が違いました。四十歳で半分以上が白髪の方も居らっしゃるのです。
決して「かまわない」のではなく、「自然のままであることを選んでいる」のです。

あるベルギー在住の女性ダンサーが私に訊ねました。

「時々日本に帰ると、体がない女性がいっぱいいるんだけど、どうして？」

私は驚いて「体がない女性？」と聞き返しました。

すると、「そう、頭と体が一体じゃない。バラバラ。ネイルやカラーやメイクをしてキレイなんだけど、実体がない。ボディがないの」というのです。

「つまり、自分がないってこと？」と、尋ねると、「そう言えるかもしれない」ということでした。

雑誌などメディアの情報に翻弄《ほんろう》されるのではなく、自分で選んだ自分が好きな服を着ていると、例えそれが奇抜なものであれ、ナチュラルに映るものです。

お洒落《しゃれ》や美容にはお金が掛かります。月々のお給料の大半をファッションやエステにかける人も居るようですが、本当にそれは必要でしょうか。

何か一つを選ぶということは、その他すべてを選ばないということです。

何を選んで、何を選ばないか。

「心地がいい」ということに意識を向け、自分らしいファッションを選べるようになると、頭と体が一体となり、本当のお洒落ができるようになります。

ナチュラルな生き方、というお手本があるのではなく、心地が良い物に囲まれているあなたの姿が、結果としてナチュラルに美しく周りに映るのです。

愛される女性の
魔法のことば

心地いい物を選ぶ。

≪ A woman shines from 30 years old. ≫

1-8

人生を二十四時間に
例えると、
三十歳は朝九時頃

悩める女性のカルテ

「アラフォーという言葉を耳にするたびに焦ってしまう」

「いつになったら独り立ちできるのか、自分の幼さを感じる」

「毎日がいっぱいいっぱい。先が見えない」

あなたの人生は、何年ですか？

仮に人生が八十年だとすると、四十歳が折り返し地点です。二十歳前後で社会に出て、六十歳前後で引退するとしたら、やはり四十歳が折り返し地点です。

人生を二十四時間に例えたら、二十歳は早朝の六時、三十歳は九時、四十歳は正午、五十歳は午後三時、六十歳は午後六時です。

今、あなたは、何時ですか？

私は正午をちょっと過ぎたところ、人生の午後が始まったところです。時間は命。刻々と砂時計の砂が落ちるように、命の時間は減っていきます。

三十歳を迎えるあなたへ。

直感を信じましょう。

午前中は、目覚めの時、しっかり栄養をとったり、学んだり、恋をしたり、仕事をしたり、目の前に現れる機会を逃さずチャレンジしたい時です。選り好みをせず、体当たりでぶつかってみることが大切です。

午前中にできるだけ多くのことを体験、経験すると、午後にその価値を味わうことができるからです。物事をあまり理屈で考えず、直感を信じて世界に目を向けてください。

四十歳を迎えるあなたへ。

休みましょう。

腰を下ろし、ホッと一息つきましょう。来た道を振り返ったり、これから先の道を行く先輩の姿を眺めたり、しばしの休憩です。

ここでは、立ち止まり休む時間を持つことが大切です。

五十歳を迎えるあなたへ。

誰かのために何かをする時間を増やしましょう。

家族や友人など身近な人と過ごす時間を大切にして、音楽や読書を楽しんだり、生涯続けられるライフワークを見つけたりしましょう。

人生の恩返し、利他の気持ちを高めることが大切です。

愛される女性の
魔法のことば

直感を信じる。

Chapter 2

愛される女性は「気遣い・身のこなし」がちがう

自分を押し通さず
相手を立てることのできる女性は、
何事にも心が込められる「大人の魅力」の
オーラを発する

≪ A woman shines from 30 years old. ≫

2-1

「場」をプロデュースできる女性は、人と人を繋げられる

悩める女性のカルテ

「そもそも、ゲストのもてなし方が分からない」
「接待はいつも回避、受けるほうに回ってしまう」
「自宅に人を通せるような状態ではない」

あなたの家は、いつでも人を招くことができる状態にありますか？

街にはたくさんのインテリアショップが建ち並び、書店には数々のインテリア雑誌が並んでいます。

昔に比べたら日本の住宅はオシャレになっています。でも、日頃自宅で過ごす時間と心の余裕がないと、いつでも家に人を通せる状態ではないかもしれません。

飲みに行った帰りに終電がなくなった友だちが居たら、「うちに、泊まりにおいで」と言える。

子どもが友だちを連れて来たら、おやつが出せる準備ができている。

パートナーが友だちを連れて帰ってきたら、夕飯が出せる。

誰かと誰かが繋がるには、「場」が必要です。それは単なる「場」ではなくて、「場」を切り盛りする「人」とセットでなければ機能しません。

ヨーロッパを旅している間、十三の家庭にホームステイをさせていただきました。旅人を泊められる家庭には、必ずおもてなし上手な女性が居ました。

おもてなしの達人になりましょう。

二〇二〇年東京オリンピック誘致のプレゼンテーションで、日本には「お・も・て・な・し」という言葉があることを海外に示し、その価値が評価されました。

日本の女性たちの「お・も・て・な・し」のクオリティは、世界に誇れる水準なのです。

あなたの中にある「お・も・て・な・し」を、発揮する時期がやってきました。

まずは、ホームパーティーから？
まずは、ゲストルームをつくるところから？
まずは、家族をもてなすことからでしょうか。
できることから、始めてみましょう。

愛される女性の
魔法のことば

おもてなしの達人になる。

≪ A woman shines from 30 years old. ≫

2-2

自分らしい手料理を振る舞える人は、人生を豊かにできる

悩める女性のカルテ

「お弁当をつくる時間があれば、寝ていたい」

「料理くらいできないと恥ずかしいことは分かっている」

「正直、料理は苦手。やったことがない」

『友だちの家に集まって映画を観ることになりました。
料理は、一人一品持ち寄りです』

ということになったら、あなたは何を持ち寄りますか？

最近は、かなり見栄えのするお惣菜も豊富にあるので、デパートに立ち寄る時間とお金の余裕さえあれば、何とか切り抜けられるものです。

でも、料理を持ち寄る会場では手作りの一品が持てはやされます。「田舎から林檎《りんご》を送ってもらったから、アップルパイを焼いてきたよ」なんて言われたら、デパ地下で奮発して買った老舗料理屋のお弁当は影を薄めてしまいます。

自分らしい料理を振る舞いましょう。

私の定番は、シフォンケーキです。定番メニューを一品決めて、いつも定番を持っていくのも、あれこれ悩まず「いつものだよぉ」と持ち寄った時、皆からも「待ってました！」と喜ばれるものです。

料理が上手、料理の手際がいいことはとても大切なことです。なぜなら、毎日のことだからです。

冷蔵庫にある食材でサッと美味しい夕飯がつくれたり、短時間で大人数の食事をつくれたりすることは、思う以上に人生を豊かにします。

でも、それはそんなに簡単なことではありません。

日々の修行が必要なのです。

まず、朝ご飯から取り掛かるのもいいでしょう。毎日、ご飯とみそ汁、納豆に焼き魚を食べる習慣がついたら、規則正しい一日になります。

お弁当から取り掛かるのもいいでしょう。

卵焼きにウインナー、野菜の煮物に漬物とご飯。ランチ代の節約にもなり、カロリーを抑えることもできてしまいます。

ある日本人の友人は、ベルギーの男性と結婚することが決まったとき、「和食」の腕を磨くため、半年間、毎日違うメニューに挑戦し続けたそうです。

ベルギーの彼女の家を訪ねると、「彼女の和食は最高！」と、ベルギー人のご主人が自慢げにこのエピソードを教えてくれました。

愛される女性の
魔法のことば

定番メニューを一つ決める。

≪ A woman shines from 30 years old. ≫

2-3

感度が鈍いと、相手の痛みを察することができない

悩める女性のカルテ

「小説とか映画なんて、しょせんつくり話だと見てしまう」

「相手の表面の言動をすぐに信じてしまう」

「言わなくても分かる。なんて、嘘だと思う」

人生は、いろいろです。一見、平凡に見える人生も、実は平凡ではない、と、様々な相談を受けて思うことがあります。

強い人は、悲しい想いをしたことがある人です。

相手の痛みを察することができる人は、痛みを味わったことがある人です。

私たち日本人は、察する文化を持っていると言われています。日常生活やビジネスにおいても察するチカラがサービスとして発揮されています。

最近は公共マナーの低下が叫ばれますが、それでも日本人のマナーは高いレベルにあると思います。

だからこそ、もっと高みを目指したいと思います。自分で体験したことのないことも察する努力をしたいのです。

感じる心を磨きましょう。

感じる心を磨くには、本を読んだり映画を観たり、まるで自分が体験したかのようにリアルに様々な人生を味わうことです。

最近では、「毎日一本新しい映画を観る」なんて、一昔前では夢のようなこともインターネットを使った映画の配信サービスで実現できてしまいます。

感度を磨くツールはどこにでもあります。

感じる心が磨かれてくると、表面的な言動で物事を判断するのではなく、言動の源となっている想いや人生に意識を向けることができるようになってきます。

「なぜ、この言葉が発せられたのか？」

その人に心を寄せられるようになるのです。

仕事に集中できない同僚の話を聞いてみたら「実母の病気を気に掛けている」ことを知ったり、小言ばかり言う彼の話を聞いてみたら「相談して欲しがっている」ことを知ったりします。

人の生きる道「人生」は、人と人の間の関係「人間関係」を良好にする道です。
あなたは相手の心に、自分の心を寄せることができるはずです。
高いレベルでの察するチカラを身につけましょう。

愛される女性の
魔法のことば

相手の心に、自分の心を寄せる。

≪ A woman shines from 30 years old. ≫

2-4

ゆっくり歩くことのできる人は、何事にも心が込められる人

悩める女性のカルテ

「人より早くやらないと損してしまうような気がする」

「何でもテキパキとこなすことが、できる人の条件だと思う」

「とにかく、忙しい。時間がどれだけあっても足りない」

優雅な身のこなしの基本は「ゆっくり」だそうです。
ゆっくり立ち上がる。ゆっくり座る。ゆっくり振り返る。

そして、日々心掛けるのは、
ゆっくり歩く。

ゆっくり歩いていると「お尋ねしていいですか？」と、道を尋ねられたり、「いいお天気ですね」と、見ず知らずの人と世間話をしたりします。
ゆっくり歩いていると「あら、こんなところにこんなお店」と、小さなお店の存在に気が付いたり、家の前で掃き掃除をしている老人とあいさつを交わしたりします。

日本は忙しい国だと思います。便利なこと、効率的なことを求めているうちに、忙しい国になってしまったんだと思います。二時間刻みで時刻指定できる宅急便や二十四時間営業の飲食店が当たり前になったことで、逆に時間に縛られるようになってしまいました。

私たちの目はいつも前方を見ています。でも、空にも背中にも世界は広がっていることを思い出してください。

ゆっくり歩くと先が見えます。ゆっくり歩くと世界が広がります。

急ぐことを止めてみたら……。
競うことを止めてみたら……。
比べることを止めてみたら……。

とっても、生きやすくなるはずです。

ドイツで身体の使い方のメソッドであるアレクサンダー・テクニークのリトリート

（体験学習）に参加してきました。
講師はアメリカ人、参加者はドイツ人を中心に、私のようなアジア人も数名居ました。

そこで、国ごとの「あいさつ」の違いが話題にのぼりました。アメリカ、フランス、リトアニア、韓国、そして日本。「違いを比べてみよう！」ということになり、私は日本の「お辞儀」を着物でレクチャーすることになったのです。
ゆっくり心を込めてお辞儀をしたところ、拍手喝采をいただきました。

ゆっくりは、日本の心なのです。

愛される女性の魔法のことば

急ぐことを止める。

≪ A woman shines from 30 years old. ≫

2-5

「捨てる」ことがブームになる国でのプレゼント選び

悩める女性のカルテ

「贈り物は毎回、決まった物で済ませてしまう」
「正直、いただき物は使わない物が多い」
「プレゼントを考えるのは、めんどくさい」

プレゼントを贈るということは、頭を悩ませることだと思います。相手のことを考え、予算と相談し、時間をかけて選びます。

親と同居していたり、いつでも相談できる関係にあれば冠婚葬祭を含め、贈り物についての知識やマナーなどが伝承されるのでしょうが、そうでもないと、どうしていいか分からないことも多いでしょう。

プレゼントを受け取るときにも、迷います。

現代は「捨てる」ことがブームになるくらい物が余っています。せっかくいただいても、正直嬉しくない、ということもあるでしょう。でも、贈った人のことを考えたら、飛び上がって喜びたいものです。

ドイツでは、こんなサービスがありました。

子どもが友だちの誕生日会に呼ばれると、親がプレゼントを用意しなければなりません。プレゼントが他のお友だちと被らないように、他のお友だちのお母さんと連絡を取り合ったり、「昨年は、何を贈った?」と思い出したり、何人も子を持つ親にとっては、とっても面倒な仕事です。

そこで、新サービスが誕生したのです。誕生日会の招待状に、「僕へのプレゼントは、○○という店で買ってね」と書いてあります。その○○という店に行くと、招待した子どもの箱があって、その中にはその子が選んだ「欲しいもの」が既に入っているのだそうです。

あとは、会計を済ませて当日持っていくと、「そう、これが欲しかった!」と飛び上がって喜んでくれるのだとか。

システマティックな国、ドイツに対し、私たちは「お・も・て・な・し」の国、日本です。

相手を観察してプレゼントを選びましょう。

私が先日いただいたキャンドルフォルダーは、まさに「これ、欲しかった！」一品でした。

それもそのはず、贈ってくださった方と道を歩いていた時、偶然見つけたガラス工房でウィンドウを覗《のぞ》くと、素敵なキャンドルフォルダーがありました。

「わぁ！　素敵☆」と、漏らした声を聞き逃さずプレゼントに選んでくれたのです。

愛される女性の
魔法のことば

相手を観察して選ぶ。

≪ A woman shines from 30 years old. ≫

2-6

植物を育てられる人は、地球に愛されている人

悩める女性のカルテ

「花や緑のある暮らしは理想だけど、すぐに枯らしてしまう」
「気持ちにゆとりができたら植物を育てようと思っているけど、まだ先」
「植物とは縁遠い生活をしている」

子どもの頃、「人間は、酸素を吸って二酸化炭素を吐き出します。植物は反対で、二酸化炭素を吸って酸素を吐き出します」と理科の授業で習ったとき、「私の吐いた息をこの植物が吸っているんだ！」と、イメージして衝撃を受け、それ以来、植物を見る目が変わったのを覚えています。

大人になってから観察してみると、楽しい会話が弾む場で植物は育ち、沈痛な会議の行われる場では植物が育たないことなどを経験しました。

植物は、その場の「気」の影響をとても受けやすいのです。

私のオフィスは東京の品川にありますが、このオフィスの窓際に一本の観葉植物を置いています。タイワンモミジという品種ですが、かれこれ七年、元気に育っています。

いつの頃からか、このタイワンモミジとは会話ができるようになってきました。訪れるたびに「おはよう」とか「元気？」と声を掛けていたからでしょうか。出張で何週間もオフィスを離れていると、「喉《のど》が渇《かわ》いた」と水をせがまれます。

植物も生きていることを思うと当然のことで、ペットの愛犬と同じようにコミュニケーションがとれたり、空腹を訴えられたりするのです。

もしも「植物と会話!?」と変に思うのであれば、植物の近くに行って耳を傾けてみてください。

イギリスに行ったときのことです。

ロンドンで働くキャリアウーマンのお宅にホームステイさせていただきました。このお宅には、テニスコート一面くらいある大きくて素敵なイングリッシュガーデンがありました。

夫妻は夕方、仕事から帰ると庭仕事をしながら会話をしていました。

それは、日中の頭を使う仕事を終え、プライベートな時間に切り替わる儀式のように見えました。

土に触れましょう。

土に触れるという行為は、地球に直接触るということです。農業をしている人の顔が優しく輝いているように、時々土に触れ、植物と話をしてみてください。地球と仲良くなれて、地球から愛されるでしょう。

愛される女性の魔法のことば

土に触れる。

≪ A woman shines from 30 years old. ≫

2-7

誰かのために がんばる姿は まぶしく、美しい

悩める女性のカルテ

「自分のことさえ満足にできないのに、知らない人のことまでは……」
「ボランティア活動のできる人は尊敬するけど、私には時間がない」
「寄付なんて、お金に余裕のある人がすることだと思う」

3・11大震災後、インターネットを使って広く寄付を集めるサービスがいくつも立ち上がりました。

想いがあれば学生でも寄付を集められる時代になったのです。

すると、問題になってくるのは、「私は、どんな活動を応援したいのか？」という問いです。寄付が他人事《ひとごと》だったときは考えなくてもよかったのに、自分でも気持ちさせあれば応援できると分かれば考えさせられます。

私は、震災をきっかけに「走ったり、歩いたりすることが、誰かのためになるっていいかも……」という合言葉で、身体を動かすことが誰かのためになる『Run for Peace～世界を結ぶ私の一歩～』という活動を普及するために一般財団法人ラン・フォー・ピース協会を立ち上げました。

Run for Peaceは、想いのある人であれば誰でも主催者になってお金を集めることができる仕組みです。

チャリティ付きのランニングイベントやウォーキングイベントを主催し、参加者からいただく参加費から運営費を除いたすべてを自分が応援するＮＰＯなどの非営利団体へ寄付できるようになっています。

『陸前高田へRun for Peace』や『子どもたちの未来へRun for Peace・inふくしま』など震災からの復興を支援するものから『リトルワールドへRun for Peace』『辻堂海浜公園へRun for Peace』など地元のテーマパークや公園を利用して、子どもの夢を応援するＮＰＯへ寄付をするものなど様々です。

この活動を通して感じることは、本気で応援する対象があることは幸せなことですし、パワフルだということです。


応援する対象を持つ。

「自分のことを応援してほしい」とは言いにくいものです。でも、想いがあると「この団体はすごい！　応援してほしい」ということは言えるものなのです。

そして、自分のことではない誰かのために、必死にがんばる姿は美しいものです。多くの人が誰かのためにがんばる姿を見て心を打たれ、巻き込まれていきます。

応援する対象を持っている人は強いと思います。

愛される女性の魔法のことば

応援する対象を持つ。

≪ A woman shines from 30 years old. ≫

2-8

環境や自然を愛する意識の高さが、理性的な表情をつくる

悩める女性のカルテ

「エコって、けっきょく我慢することってことでしょ?」

「地球環境を守ることって、自分レベルではリアルに考えられない」

「温暖化とか言われても、何をしていいのかさっぱり分からない」

《3つの問い》

1. 環境を大切にするって、何をすることですか？
2. 自然を愛するって、どういうことですか？
3. エコって、具体的になんですか？

ドイツなどの「エコ先進国」を訪ねてみると、ゴミの仕分けに始まり生活のあらゆる場面にルールが徹底されていて、環境に対する意識が社会全体、国民ひとり一人に浸透していることが分かります。

そんなドイツで生活をしながら私の頭の中には先述した《3つの問い》が「?・?・?」と浮かんでいました。「環境」「自然」「エコ」って一体何なの!?　ハッキリその姿を見いだせないでいました。

ところがドイツでの生活が二カ月に入ったころ、「?・?・?」が「!・!・!」に。謎が解けた瞬間がありました。

自然の中で暮らす。

「そうか、ここは人が自然を大切にしているんじゃなくて、自然の中で人が暮らしているんだ」

こんな当たり前のことが言語化された瞬間、ハッとしました。

この気づきは私にとって大きなものでした。それまでの私は、自然をどうしたら守れるか？　地球をどのように守ったらいいのか？　と、考えていたのです。

実際は、まったく逆でした。自然や地球は人間が守るものではなく、そこにあるものだったのです。私たちがひっそりと暮らせば何の問題もないのに、「守るなんて、何様のつもりだったんだろう！」と気がつきました。

そう思ってみると、ドイツは自然の中で静かな暮らしをしていました。二十四時間営業のコンビニや自動販売機は、どこにもありません。子どもたちは「森の幼稚園」や「森のプール」など自然を生かした施設で自然と共存しながら学んだり遊んだりしていました。

大人たちは水を大切にして、できるだけゴミを出さないように生活していました。主食の肉やハムは量り売り、必要な物を必要なだけ買う習慣が身についていました。

自然の中で暮らさせていただいている、という意識を持ったら、それがエコだと学びました。

愛される女性の魔法のことば

自然の中で暮らす。

Chapter 3

愛される女性は「仕事・社会観」がちがう

社会貢献性の高い仕事や
誰かのためにがんばる女性の姿は
まぶしく、美しい。

≪ A woman shines from 30 years old. ≫

3-1

本当の幸せをつかむ人は、寂しさを仕事で埋めようとしない

悩める女性のカルテ

「一人で居ることを無意識に避けようとする」
「寂しさを紛らわすために、忙しくしている」
「幸せそうにしている人を見ると、妬ましく思う」

スケジュール帳が真っ黒に埋まっていないと不安だったり、絶えず飲み会など人の集まるところに顔を出したりしている人は、実は寂《さび》しい人だと思います。

生きているということは、何かをしているということです。寝ている時も、「寝る」ということをしています。

一人の時間が寂しくて、不安で仕方のない人は、無意識に一人で居ることを避けようとします。

誰かと一緒に居たり、騒いでいると気が紛《まぎ》れるのです。

社会貢献性の高い仕事や活動にも惹かれます。
自分が役に立っているという手ごたえが欲しいのです。

人生の目的が「幸せになること」であるとするなら、寂しい人はなかなか「幸せ」という実感が持ちにくいようです。

常に、「何かが、足りない」と感じています。

あなたは、愛されている。

「私は、寂しさを紛らわすために、忙しくしている。私は、忙しい自分を自ら選択している」ということを認め、「私は、愛されている」と、何度も自分に言い聞かせてみてください。

若い時の寂しさは、年齢を重ねると、妬《ねた》みとか恨《うら》みという感情に変化していくようです。

つまり、若い時は自分に向いていた攻撃が、年齢を重ねると外に向かってしまうのです。

素敵な彼と出逢いたいのに出逢いがない人は、この「寂しい」という感情が原因なのかもしれません。

男性は無意識に「寂しい」女性を避ける傾向があるのです。

どんなに容姿が美しくても、どんなに飲み会の席で明るく振る舞っても、芯《しん》の「寂しさ」を警戒するのが、男性の第六感です。

「私は、愛されている」という感情があなたの中で馴染《なじ》むように、何度も言い聞かせることです。

愛される女性の
魔法のことば

あなたは、愛されている。

≪ A woman shines from 30 years old. ≫

3-2

移り変わる季節や相手を思いやる気持ちを、「ことば」にすると言霊が宿る

悩める女性のカルテ

「パソコンに慣れてしまって、文字を書く習慣がほとんどない」
「礼状の書き方が分からない」
「絵を描くのが苦手」

季節のあいさつは、毛筆で……なんて時代もありました。

いつの間にか何もかもデジタル化され、封書に書かれた宛先の「字」を見ただけで「あ、○○さんから手紙が来た」と「字」を覚えられることは少なくなりました。


手書きの機会を増やす。


例えば、私がもらって嬉しかったのは旅先からの絵葉書。

「温泉がいい！　素敵な旅館よ」という何気ないひと言が添えられた葉書でしたが、私を思い出して一筆描いてくれた気持ちが嬉しいのと、旅先で絵葉書を描いている彼女の姿を思い浮かべ、ホッと私も温泉に浸かった気持ちになりました。

ヨーロッパでは「漢字」が流行っていました。

イタリアの電車で素敵な男性の腕に「家族愛」という刺青が施されていて驚いたこともあります。

ヨーロッパは漢字だけではなく、禅《ぜん》ブームでもあります。ドイツのミュンヘンにはZenHaus(ゼンハウス)「永峰寺《えいほうじ》」がありました。

このお寺のご主人はドイツ人の禅僧で、座禅会には地元のドイツ人も大勢訪れるらしいのです。

手書き文字と禅。ほかにも日本にはたくさんの宝、文化があります。長い年月をかけて大切に伝承されてきたものです。

パソコンや携帯で打つメールには、季節の挨拶や結びの言葉、余白をイラストで埋める必要もなく、移り変わる季節や相手の健康に想いを馳《は》せるチャンスを逃してしまっているとも言えます。

あなたの想いを「ことば」にすると、そこに言霊《ことだま》が宿ります。

季語や相手を思いやる言葉を散りばめながら、心がけて手書きの手紙を書くところから始めるだけで、ずいぶんと気持ちが変わってくるはずです。

また、挿絵など、ちょっとしたイラストを入れるだけで、あなたの人柄や優しさが伝わると同時に、日本の良さにも気がつくでしょう。

愛される女性の
魔法のことば

手書きの機会を増やす。

≪ A woman shines from 30 years old. ≫

3-3

人生で大切なことは、すべてメンター（師）が教えてくれる

悩める女性のカルテ

「ぶれない自分になりたいけれど、実際はブレブレ」
「メンターが居たらいいと思うけど、出会いが無い」
「今この歳で何を大切にしたらいいか、分からない」

メンター(師)である村山幸徳先生を短い説明で紹介するとき、「とにかく、博識。専門分野に詳しい人は大勢居るけれど、村山先生は広くて深い。政治・経済・スポーツ・芸能・歴史・文化・何でも！」と伝えます。

先生の言葉はどれも味わい深く、ひとつ一つ大切に、生きる指針にしています。特に大切にしているのが、次のような言葉です。

●人生で大切なことは二つしかない。
一つは、誰に導かれるか。
もう一つは、誰と共に歩むか。

●自分に自信がある。
俺を信じろ。
などと言うのは、驕《おご》りだ。

自分なんて、ちっぽけなものだ。
ただ、自分が歩む「道」に自信を持て。
自分が信じた「道」を歩め。

●成果が出たら、支えてくれた人に感謝をすること。（天狗になるな）
失敗したら、失敗から学び、次に活かすこと。（落ち込むな）
必ず、結果はあとからついてくる。

自分が信じたメンター（師）の言葉を大切にしていると、それが支柱となり、ぶれない自分になることができていきます。

メンターに出逢えば道が開ける。

メンターに出逢うにはどうしたらいいか？　と、よく尋ねられます。

愛される女性になるにはどうしたらいいか？　とも、よく尋ねられます。

私の答えは、

「出逢いたい、なりたい、と思うことから始めてください。思うから探し、探すから見つかるのです」

メンターにもメンターがいて、そのまたメンターにもメンターがいます。つまり、メンターとは智慧《ちえ》の集大成のような存在なのです。

私は、人生で大切なことを、すべてメンターから教えていただきました。

愛される女性の魔法のことば

メンターに出逢えば道が開ける。

≪ A woman shines from 30 years old. ≫

3-4

ノンバーバル（非言語）でコミュニケーションできると世界中の人から愛される

悩める女性のカルテ

「今さらピアノなんて、無理」
「こんな場面で気の利いた歌が歌えたらなあ、とは思うんだけど」
「海外の人とコミュニケーションしたいけれど、英語は苦手」

ドイツで身体の使い方のメソッドであるアレクサンダー・テクニークのリトリート（体験学習）に参加したとき、着物を着て「日本式の挨拶」のレクチャーをしたことを前章で話題にしましたが、この時ほど会場を魅了できる特技の重要性を感じたことはありません。

アレクサンダー・テクニークの講座には楽器の奏者や俳優といった仕事に携わる人が多く参加しています。

彼らは、身体を使って表現することが仕事です。身体の使い方一つで、表現の幅がずいぶん広がるのです。

トレーニングは楽器を持ち込んで行われます。

あるチェロ奏者の場合、まず彼はいつもの調子でチェロを弾きました。そして、講師がアレクサンダーの施術を行った直後に、もう一度弾いたのです。

素人耳にも「違う！」と分かる音色の変化を感じることができ驚きました。

同じように、ピアニスト、ギタリスト、歌手と続きます。最後に指揮者の女性がアレクサンダーの施術を受けました。

そして、十日間続いたトレーニングの最終日の夜、即興のコンサートが行われました。この場はプロアマ問わず楽器の演奏を楽しむ場となり、参加者は披露したい演目を自分で決めて発表しました。

参加者の一人、二十二歳のWONくんは韓国人のバックパッカー。彼はプロの奏者ではありませんが、ピアノソロ二曲を披露しました。ピアノは独学で楽譜はすべて暗譜し、堂々の演奏に会場は大喝采でした。

魅了できる特技を持つ。

彼が演奏する姿を見て、楽器が弾けると、世界中の人から愛されることを知りました。

楽器に限らず歌や踊りは世界共通のコミュニケーションツールです。

例えばパートナーを日本以外にも求めたり、いつか海外に住んでみたいと思うのなら、何かひとつ、あなたらしさが発揮できて場を魅了できる特技を持ちたいものですね。

愛される女性の
魔法のことば

魅了できる特技を持つ。

≪ A woman shines from 30 years old. ≫

3-5

日本人の顔やスタイルに一番似合う装いは、和服

悩める女性のカルテ

「和服は、一人では着られない」
「着くずれが心配で、パーティーなどには着て行けない」
「そもそも、和服を着ていく先が無い」

海外の人とのコミュニケーションの話が出たので、和服についても書いておきたいと思います。

欧州を旅したとき、私は随所で和服を着ました。

・ドイツ在住の日本女性が、スペイン、アメリカ、トルコ人の大親友とのホームパーティーに私を同席させてくださった時。

・イタリアの田舎のファームスティ先から旅立ちの時。

・同じくイタリア・フィレンツェの宮殿で震災の語り部をさせていただいた時。

・各所の日本人国際学校にあいさつ回りをした時。

・一人で美術館巡りをした時。

ヨーロッパの田舎に行くと、

「写真や映画で見たことはあったけれど、この眼でキモノを見るのは初めてです。感激です！」

という声を聞き、特に帯がどうなっているかは、「アメージング！」と感嘆されました。

夏になると和服の常識を覆《くつがえ》すような装《よそお》いで浴衣《ゆかた》をアレンジしたギャルの姿が年々増えているようです。また、京都などに行くと古典的な和服姿で神社巡りをする女性たちも多く見受けられます。

和服が一人で着られる。

当たり前のことかもしれませんが、和服は日本人の顔やスタイルに合った装いです。特に海外の女性と並ぶパーティー会場などでは、和服が一番私たちに似合う装いなのです。

最近の和装は、一人で気軽に着られるように便利になってきています。

例えば、洗濯機で洗える素材の着物があったり、襟《えり》だけ取り外して洗えたり、着くずれを簡単に直せる下着があったり、様々な便利グッズを一通り揃えて、とにかく着てみたらいいのです。

お正月の初詣でや、夏の花火大会に和装で出掛けてもいいし、京都や奈良、鎌倉のお寺に和装で出掛けるのもいいし、美術館や博物館、友だちとのランチ、彼とのデート、和装で出掛ける先は数限りなくあります。

世界の見方が変わり、新しい出逢いや、新しい関係性が生まれます。

愛される女性の魔法のことば

時々、和服で過ごす。

≪ A woman shines from 30 years old. ≫

3-6

いいもの、気に入った物を大切にする人の心は豊か

悩める女性のカルテ

「使い捨て商品を使っていたら、物の扱いが雑になった」
「何でもレンタルで済ませていると、却って高くつくようだ」

どうしても捨てられない傘があります。

二十歳の時に買った長傘と折り畳み傘のセットです。

二十歳の時にこの二本の傘を買って以来、私は傘を買っていません。「環境に配慮してビニール傘は買わない」というのが、私の小さな自慢なのですが、長傘のほうが、とうとう寿命を迎えようとしています。


どうしようか？

思い出が詰まった傘。


この長傘を見ると、いろいろなことが思い出されます。

新入社員の頃、新婚の頃、落ち込んでいた時、夢に向かってがんばっていた頃のこと……。

だから、修理しようと思いました。

大切な物は修理して、使う。

しかし、百貨店の傘修理コーナーに持っていったら、「当百貨店でのお買い上げ品に限ります」と断られてしまいました。

使い慣れたプリンターの調子が悪くなったので、電器屋さんに持っていったら、「修理すると三万円。新品を買えば一〜二万円」と言われ、驚いたこともあります。

大量に生産し、大量に消費する生活は、そろそろやめにしたい。と、思います。

私たちひとり一人が、いい物、気に入った物を長く大切に使えるように、「こういうことって、おかしいよね」という目を持ったり、発信したりすることが大切なのかもしれません。

いい物、気に入った物を大切にできる社会、そこで生きる人々の心は豊かだと思うのです。

あなたの大切な物、修理を待っている物はありませんか？

愛される女性の魔法のことば

物は、修理して使う。

Chapter 4

愛される女性は「恋愛・家族観」がちがう

愛について深い考えを持つ女性とは
「許す」ことのできる「本物の大人」の
気品が漂う。

≪ A woman shines from 30 years old. ≫

4-1

恋人と麗しい関係を保つには、見返りを求めず与えること

悩める女性のカルテ

「どうして私ばっかり我慢しなければならないの?」

「私はすべてを捧げているのに、彼は犠牲を払ってくれない」

「同じ気持ちでいて欲しい」

恋人がいるあなた、彼に何を与えていますか？「私のすべて」と答える女性の話をよく聞いてみたら、「私のすべてを捧げるということは、彼だってそれなりの犠牲を払ってくれないと、おかしい」「どうして私ばっかり我慢しなければならないのか、意味が分からない」というような本音が聞こえます。

もちろん、恋愛は見返りを求めるものではないと分かっていても、ついつい求めてしまうのが、女心というものでしょう。

物事には順番があります。順番を間違えると成るものも成らなかったり、回り道をすることになります。

人間関係は、与えるから与えられる、もしくは、与えても与えられない、のです。

なぜなら、与えるも、与えられるも主観的なものなので何を十分とするか、何を足りないとするかは、その人次第、その時次第なのです。だから、期待した通りに返ってくることも、返ってこないこともあるのです。

「もっと、何かしてくれるべきだ」「普通、そんなことは言わない」と相手を責めている間は苦しいものです。

誰かを好きになる、ということは、一方的な感情です。その時、相手もあなたのことが好きだということは偶然でしかありません。

始まりは一緒でも、その気持ちが続くかどうか、その気持ちが永遠かどうかは分かりません。

相手に、「私と同じ気持ちでいて欲しい」というあなたの気持ちは分かりますが、実際にはそうはいかない場合もあります。

見返りを求めず、与える。

実際には、見返りを求めず与えることは苦しいことだと思います。何日もの間、寝ても覚めても彼のことを考え続けたり、苦しくて食欲がなくなったり、悲しくて涙が出たり、様々な心の葛藤《かっとう》を味わうでしょう。

それでも、見返りを求めず与えるのが、「愛」だとしたら、あなたは恋愛を通して愛の人になれるのです。

愛には、穏やかな愛もありますが、狂おしい愛もあるのです。

愛される女性の
魔法のことば

愛の人になる。

≪ A woman shines from 30 years old. ≫

4-2

愛することにより、愛されることが上手になる

悩める女性のカルテ

「つらくても大丈夫。と、意地を張ってしまう」

「楽をするのが罪悪感あって、何でも自分でやろうとする」

「何でも親がやってくれるので、自分で何もできなくなってしまった」

可愛い人。顔カタチの印象もあるのでしょうが、内面の可愛らしさが顔に出ている女性。そんな女性でありたいものです。

重たそうな荷物を持っている女性に「持とうか？」と、男性が声を掛けても「大丈夫です」と荷物を渡さない。こういう女性は、可愛くないものです。

「持とうか？」と言われたら、「ありがとう」と荷物を渡す。
「取ってあげようか？」と言われたら、「ありがとう」と荷物を取ってもらう。

「私は、男性と同じ土俵で、毎日、勝負しています」

働くことを通じて、女性が男性になってしまってはいけません。女性は女性のままで働くことができる社会が、男女の性差が活きる理想の社会なのです。

世話をする対象を持つ。

ドイツの家庭に習い、庭に一つ、バードハウスを置いてみました。バードハウスとは、自然の野鳥を身近に楽しむために備え付ける「小鳥のお家」です。

餌を補充する以外、特に世話をするというほどのこともありませんが、野鳥がやってきて餌をついばみ、水浴びをする姿を眺めることは楽しいことです。

世話をする対象があって目覚める「女性らしさ」という感性があるのだと思います。

「大丈夫です」と、相手の好意を断る女性は、世話の受け方が下手なのです。相手を想って食事の用意をしたのに、「今日は、いらない」と理由もなく食べてもらえなかったり、相手を想って心配したのに、「余計な口出しはしないで」と疎まれたりした経験がある人は、「ありがとう」と素直に好意を受け入れることが、どれだけ大切かが分かります。

つまり、世話をすることによって、世話の受け方が上手になってきます。愛することによって、愛されることが上手になるのです。

バードハウスに集まる野鳥は、好意を受けることが上手です。でも、決して餌が足りないとか、餌が美味しくないなどと文句を言うことはありません。

愛するときは、愛する。愛されるときは、愛される。

シンプルな好意のやりとりが、愛なのです。

愛される女性の魔法のことば

世話をする対象を持つ。

≪ A woman shines from 30 years old. ≫

4-3

愛する対象を持つと、人は強く魅力的になる

悩める女性のカルテ

「愛されたい、と常に願っている」
「別れてから相手のことが忘れられず、悔やんでいる」
「弱い自分が嫌だ」

愛されたい。

この気持ちは、私たち女性に共通の望みだそうです。

特に、愛する人から愛されたい。という渇望に近い望みが私たちの心の奥深くにあります。

彼から、夫から愛されたい。

子どもから、親から愛されたい。

友だちから、同僚から愛されたい。

普段意識することがなくても、折に触れてこの「愛する人から愛されたい」という感情が現れます。

相手のあることなので、思うようにならず苦しんだり、相手は与えているつもりでも不十分と感じて悲しんだり、自分を持て余すこともあるでしょう。

こんな話を聞いたことがあります。その方は、奥さんを亡くされたそうなのです。それも自分の浮気が原因で離婚した後に奥さんは病気で亡くなったのだといいます。浮気は出来心で、離婚した後、自分がどれだけ奥さんを愛しているかに気がついたそうです。でも、それは後の祭り。謝ろうにも、愛を伝えようにも、相手はもう居ません。

彼はたいへんこのことを悔やんでいる様子でした。今でも奥さんのことを愛している気持ちが伝わってきて、聞いていて気の毒に思いました。

しかし、愛する対象を持っている彼は、しっかりと生きています。愛する対象によって、しっかり生かされているのです。

子どもを持つと、人は強くなるといいます。

それは、愛する対象を得た証でしょう。
親を想う気持ちを自覚すると、子どもは強くなります。
それもまた、愛する対象を得た証でしょう。

愛する対象を持つ。

愛されること。それも、もちろん素敵なことですが、愛する対象を持つと、あなたは強く魅力的になります。

愛される女性の魔法のことば

愛する対象を持つ。

≪ A woman shines from 30 years old. ≫

4-4

愛される女性がしている コミュニケーションは、 聴く、待つ、許す

悩める女性のカルテ

「パーティーではとにかく人脈づくりの名刺交換に忙しい」
「たえず何かを得ようとキョロキョロ周囲を見回している」
「たくさんの人に会うと、仕事をした気持ちになる」

多くの人が集まるパーティー会場、あなたはどのような行動パターンがありますか？

私は様々なパーティーに呼ばれ参加する際、参加者の皆さんの行動に関心があり、ついつい人間観察モードに入ってしまう悪い癖があります。

明るくお喋《しゃべ》りに夢中になる人。
人脈づくりに名刺を持って忙しくあいさつする人。
つまらなさそうにしている人。
とにかく食べる人。
様々です。

そんな中、ひっそりと咲く花を見つけることがあります。会場の真ん中あたりでニッコリ微笑み、来る人を受け入れ、去る人を追わず、持ち込まれる話に傾聴する人です。

真ん中で咲く花には、華がある。

咲いている花には蝶が集まります。蝶は追っ掛けると逃げ、さらに追っ掛けると隠れます。

パーティー会場で名刺を百枚配っても、大きな声で話しても、得られるものはほんの僅《わず》かです。

真ん中で咲く花になり、話し掛けてくれた数人とじっくり話すことが、実はとても大切なのです。

その時の心掛けは、聴く、待つ、許す。

自分の気持ちを表現することが苦手な男性の話を聴くには、彼が話し始めるのを待つ必要があるのに、ついつい間が持たなくて話し始めてしまいがちです。
自分勝手な理屈や、強がりを言う男性の話は聞き流して許してしまえばいいのに、
ついつい正義感から議論になってしまいがちです。

相手の話をじっくり聴く。
幸運がやってくるのを待つ。
意見の違いがあっても許す。

愛される女性がしているコミュニケーションです。

愛される女性の
魔法のことば

真ん中で咲く。

≪ A woman shines from 30 years old. ≫

4-5

私そのものが愛となったとき、相手との間にラポール（架け橋）が掛かる

悩める女性のカルテ

「理不尽で、どうしても許せない過去を引きずって生きている」

「ある人が許せない。その人と話すのも嫌だ」

「トラブルで頭がいっぱい。不安や寂しさもいっぱい」

コミュニケーションの基本に、ラポール(架け橋)という概念があります。
心と心にラポールを掛けるという意味合いで使われます。

ラポールの掛け方には様々なテクニックがあると言われますが、ここではテクニックを支える「愛について」考えてみたいと思います。

日本語の言霊で言うと、英語の「I」は、「愛」に通じます。つまり、私そのものが愛なのです。私そのものが愛となったとき、相手との間にラポール(架け橋)が掛かります。

では、私そのものが愛とはどういうことでしょう？　それは、「許すこと」だと思います。

過去に傷つけられたことや失敗したこと。
今、許せない誰かのこと。

許せない理不尽なこと。

すべて「許すこと」です。

なぜなら、「許されること」を誰もが望んでいるからです。でも、許すことは難しいから、許すことは究極の愛なのです。


ありがとう。

ごめんなさい。

許してください。

愛しています。


「ホ・オポノポノ」と呼ばれるハワイ発祥《はっしょう》の癒《いや》しのおまじないがあります。それが、「ありがとう。ごめんなさい。許してください。愛しています」です。

このおまじないを唱えると、様々な問題が解決するという不思議なおまじないです。

もしも、あなたが今、何らかのトラブルを抱えているのなら、「ありがとう。ごめんなさい。許してください。愛しています」と言ってみましょう。

もしも、あなたが今、不安や寂しさを抱えているのなら、心を込めて、「ありがとう。ごめんなさい。許してください。愛しています」と言ってみましょう。

愛される女性の魔法のことば

ありがとう。ごめんなさい。許してください。愛しています。

≪ A woman shines from 30 years old. ≫

4-6

相手を否定しない、自分を押し通さないコミュニケーション

悩める女性のカルテ

「男性と女性、優劣はないと思うから、つい張り合ってしまう」

「自分の考えが絶対に正しい、とムキになってしまう」

「男性は分かってくれない。能力が低いと思う」

人と人は、相手を敬う気持ちがベースにあると、気持ちのいい関係が築けるものです。

自分の意見や主張を押し通そうとしないで、自分が正しいと思っていることを疑ってみる勇気が必要になることもあります。

自分を疑う気持ちは、相手を敬う気持ちに通じることがあるのです。

職場でも、相手を敬う気持ちを大切にしたいです。

女性の活躍が職場でも目立つようになってきました。とはいえ、まだまだ決裁者には男性が多いという現実もあるでしょう。

女性と男性の違いは、直感的な女性に対し理論的な男性(もちろん、例外もありますが)と言われます。

「違い」があるから、新しいものが生まれます。男性と女性の「違い」が上手にコラボレーションすると、創造性の高い商品やサービスが生まれるのです。

家庭でも、母親と父親の「違い」が上手にコラボレーションしたら、天性の可能性が開花する子どもが育つはずです。

自分と違うものを尊敬する気持ちを持ちましょう。

私たちはつい、自分と違うものを排除しようとしてしまいます。女性の活躍が進み、男性の感性や考えを排除してしまったら、それもまたバランスが崩れてしまいます。

ヨーロッパでは、男女に限らず多種多様な価値観が共存していました。

そのコツは、「相手を否定しない」「自分を押し通さない」ことでした。

相手を敬う気持ちがベースにあると、気持ちのいい関係が築けるということを彼らは様々な体験を通して修得しているようでした。

これから私たちも、国際的なコミュニケーションが求められるようになってきます。
どんな時も相手を敬う気持ちをベースに、コミュニケーションの幅を広げましょう。

愛される女性の
魔法のことば

自分と違うものを尊敬する。

≪ A woman shines from 30 years old. ≫

4-7

家で過ごす時間を大切にすると、素敵な彼がやってくる

悩める女性のカルテ

「家に居る時間が長いと、もったいないような気になる」
「仕事が終わってからの仲間の付き合いを断り切れないでいる」
「彼ができても、自宅には招けない」

家に居るとき、部屋着、ルームウェアにどんなアイテムを選んでいますか？

「私は冷え性だから、マスクと靴下は手放せない」と答えてくれた二十代女子の回答に苦笑いです。

ベッドに入る二時間前には電子機器の電源を切り、アロマを炊《た》いてゆっくり読書したり、日記を書いたり、ストレッチしたり、「そんな悠長《ゆうちょう》なこと、できない！」と言われそうですが、理想はそういうことです。

家で過ごす時間を大切にする。

「家」を大切にするヨーロッパには、新しいヒントが幾つもありました。

新しいヒントは、グッズではなく「家」に対する考え方です。

まず、夫婦の寝室は一つにすること。

子どもの寝室は、夫婦と分けること。
ヨーロッパの家庭においては当たり前ですが、日本の多くの家庭は、いわゆる川の字、もしくは、夫婦が別々の部屋で休んでいたりするようです。

次に、子どもは二十時、遅くとも二十一時には自分の部屋に入らせること。つまり、大人と離れさせること。
これも私が訪れたヨーロッパの家庭では徹底されていました。

そして、夫婦の時間をつくること。
日本の会社は残業があったり仕事が終わってから飲みに行く人も多いので、どうやって夫婦の時間をつくるかは、よく話し合って決める必要があります。

今は子どものことでいっぱいでも、子どもはいずれ育っていくことを考えると、末永く過ごす夫婦の関係を大切にしたいものです。

愛される女性の
魔法のことば

二人で過ごす時間をつくる。

あなたが独身であっても同じです。

家に居る時間を大切に、静かに過ごす時間を増やすことをお勧めします。

そして、アイテムにも気をつけましょう。機能性を重視するあまり色気も素っ気もないマイルームにならないように。

時間を楽しむアイテムが揃うと、素敵な彼がやってきます。

≪ A woman shines from 30 years old. ≫

4-8

あなたらしい香りで、あなたにピッタリな彼を引き寄せる

悩める女性のカルテ

「条件で男性を選んでも、長続きしない」
「初対面で恋に落ちるなんて、映画や小説の世界の話だと思う」
「見た目だけで男性を判断してしまう」

アロマが私たちの生活の中に溶け込んできています。

いつの頃からかアロマキャンドルを生活に欠かすことができなくなった私は、好きな香りを調合し、キャンドルを手作りするようになりました。

キャンドルの明かり、香るアロマを楽しみながら語り合う時間を持つことで、コミュニケーションが円滑になることを実感しています。

人は、バーバル（言語）よりもノンバーバル（非言語）の情報でコミュニケーションを交わしているということが知られています。

あなたは、初対面で恋に落ちたことがあるでしょうか。

恋に落ちるには、偶然をとらえて幸運に変えるセレンディピティ力が試されます。

実際、「この人！」という出逢いには「ビビッ」とくるものです。

初対面で恋に落ちるということは、バーバル（言語）よりもノンバーバル（非言語）の部分で惹かれるということです。
そこには、香りという要素が深く関わっています。

私たちの脳は、常に物事を「認知」し続けています。目に映るもの、手で触るもの、耳で聞こえるもの、肌に触れるもの、舌で味わうもの。起きている間は休むことなく五感で「認知」しながら人生を生きています。

次から次へと押し寄せる膨大な情報を「認知」して処理するということは、情報を溜めずに受け流していかなければ頭がどうにかなってしまいます。
常に受け流される情報の渦《うず》に巻き込まれない特徴ある香りを持つことは、相手の印象に強く残るものなのです。

ぐっすり眠れるアロマ、気持ちがリラックスできるアロマなど、用途によってアロマを選ぶのもアロマの使い方ですが、アロマには次のような使い方もあるのです。
ブランドショップに香りを持たせることで、そのブランドを印象づけたり、ホテルのエントランスに香りを持たせることで、高級感を演出したりする使われ方です。

あなたを印象づけるアロマを持ってみてはいかがでしょうか。
出逢いは引き寄せです。あなたが、あなたの香りを持つことで、あなたに合った彼があなたのもとを訪れるのです。

愛される女性の
魔法のことば

偶然をとらえて幸運に変える。

≪ A woman shines from 30 years old. ≫

4-9

母や祖母が大切にした物を身に着けると、命が繋がる

悩める女性のカルテ

「リメイクすれば使える貴金属が、そのままになっている」
「古い物をもらっても、身に着けたいとは思わない」
「昔の話は時代に合わないことが多いので、真剣に聞かない」

私の父は十九歳の時、二つ年上の女性(母)と出逢い、二人は結婚しました。その時、父が母に贈った婚約指輪があります。

二人の長女である私は、その婚約指輪をリメイクした物を身に着けています。父と母が出逢わなければ存在しない私。父と母が永遠の愛を誓った指輪は、私の宝物です。

お母様の着たウエディングドレスを身に着けて結婚式を迎えたり、小母様の着物を愛用したり、物には歴史があり、受け継いだ物と買った物は、その物の価値が違うように思えます。

受け継いだ物を大切にする。

人は、この世を去るとき、大別すると三つのモノを残せるといいます。

一つは、物(Having)。不動産や貴金属、いわゆる資産といわれるものです。

もう一つは、事(Doing)。何をしたか、仕事は何だったか？　人生の時間を何に使ったのか？

そして、最後の一つが在り方(Being)。どんな人だったか？　よく話していた言葉、雰囲気、生き方です。

《人生で遺せるモノ》

1. 物(Having)
2. 事(Doing)
3. 在り方(Being)

多い少ないはあるにしても、厳密には三つとも遺せるのだと思いますが、特にどれを、特に何を、あなたの祖先は残してくれたでしょうか。

そして、あなたは何を遺したいでしょうか。

「何を遺したいか」を考えるということは、同時に「何を大切に生きるか」を考えることに通じます。

母や祖母から受け継いだ物を身に着けると、母や祖母が何を大事にして生きてきたかが分かり、想いと一緒に女性として生きる智慧《ちえ》も伝承されます。

そして、命が繋がっていくのです。

愛される女性の魔法のことば

受け継いだ物を大切にする。

Chapter 5

愛される女性は「人間関係」がちがう

今はカッコ悪くても、
カッコよく生きようと努力する人に、
たくさんの人から「応援」が集まる。

≪ A woman shines from 30 years old. ≫

5-1

丁寧に物と付き合える人は、人とも丁寧に付き合える

悩める女性のカルテ

「毎年の流行トレンドにだんだんついて行けなくなった」
「恥ずかしくて着られない洋服が溜まっていくばかりだ」

日頃スーツでバリバリ仕事をする女性が、オフの日にその人らしいオシャレな姿で現れたりすると、同性であってもドキッとします。

オンとオフを、着る服で切り替えることができるようになったら、自分のスタイルが確立された証拠です。

自分のスタイルを持つ。

自分のスタイルがある人は、男女問わず素敵に映るものです。

自分のスタイルを持って服や鞄、靴を選び始めると、ワードローブは整理され、買っても着ないとか、まったく趣味ではない物をプレゼントにいただくこともなくなります。

その時必要な物が現れたら必要なだけ購入し、あとは今持っているものをもう一度見直して使う。ひとつずつ丁寧《ていねい》に、服や靴や鞄と付き合うことができるようになります。

我が家には今、アイルランドからの留学生、十六歳のイライジャ君がホームステイしています。彼は、「グッド・ラック・チャーム」と呼ばれるお守りを身に着けています。


ブレスレット、ミサンガ、ネックレス。そして、指輪。

ブレスレット&ミサンガは二人のお姉さんの手作り。

ネックレスはおじいさんが戦争から帰還したときに身に着けていたＩＤタグ。

そして指輪はアイルランドの伝統的な「愛と友情に支配させよ」の意味をもったクラダリングです。

さらに、日本のお寺で買ったお守りが加わりました。


「流行だから」という理由でアクセサリーを購入すると、移り変わる流行と共にその価値が薄れてしまいます。

アイルランドのイライジャ君のように「アイルランド人そのものが、グット・ラック・チャーム」というアイデンティティを持ちながら、家族の想いや国の伝統を大切にしてアクセサリーを身に着けたら、その価値は永遠に失われません。

物と人との付き合い方には共通点があります。

丁寧に物と付き合える人は、人とも丁寧に付き合えるのです。

愛される女性の魔法のことば

自分のスタイルを持つ。

≪ A woman shines from 30 years old. ≫

5-2

苦手や短所は、「それも、良し」として得意や長所を伸ばす

悩める女性のカルテ

「自分に自信がない。ダメな事しか浮かばない」

「職場での人間関係は、できれば避けて通りたい」

「自分以外の人間関係のトラブルまで引きずり込んでしまう」

得意なことと苦手なことを箇条書きにすると、得意一つに対し、苦手が二つや三つになる人がいます。

特に職場での人間関係やお付き合いに関して、自信が持てない女性が多いようです。

私なんて、ダメ。私は、デキナイ。と思う限り、チャンスの扉は開かれません。このタイプの人に、「あなたは、ダメな人間じゃない」「あなたは、デキル人だ」と伝えても、なかなか伝わらないものです。

どうしたらいいか？

そんな時は、「それも、良し」と伝えることです。

つまり、私なんて、ダメ。私は、デキナイ。「それも、良し」なのです。

一見、開き直りに似ていますが、違います。「それが、何か？」ではなく、「それも、良し」です。

苦手や短所は、「それも、良し」として、得意や長所を伸ばしてみるのです。すると、得意や長所に気持ちが集まり、自信が出てきます。

自分のことが、小さくもなく大きくもなく等身大で、良いところも良くないところも受け入れられるようになったら、次にすることがあります。

自分と環境を分けましょう。

自分と環境を分けるとは、例えば、自分を変えることはできても、子どもを変えることはできません。自分と子どもは、別々の存在です。

ただ、子どもに影響を与えることはできます。自分は環境に影響を与えることができるのです。

もちろん、子どもから影響を与えられるように、自分も環境からの影響を受けます。

自分と環境の切り分けができ、お互いの影響を知ったとき、自分と相手は自立した存在になります。

自分をあるがまま受け入れ、自分と相手の距離がつかめる自立した女性は、誰からも愛される存在になれるのです。

愛される女性の
魔法のことば

自分と環境を分ける。

≪ A woman shines from 30 years old. ≫

5-3

関係者である以上、無力ではないと知ると行動が起こる

悩める女性のカルテ

「常に、悪いのは私じゃない誰かだと思ってしまう」
「社会の出来事は自分には関係ないと思う」
「自分なんて、まったく社会貢献できていない」

自分と環境は、切っても切れない仲です。

例えば、家庭で夫婦関係がうまくいかないと、夫は妻を、妻は夫を責めます。子どもが言うことを聞かないと、親は子を、子は親を責めます。

また、売り上げが上がらないと、上司は部下を、部下は上司を責めたり、メーカーは業者を、業者はメーカーを責めたりします。

これらの例にあるように、自分と相手を別物だと考えてしまうと、出口が見えてきません。常に、悪いのは自分じゃない「誰か」だと思ってしまうと、自分は被害者であり続け、現状を変えることはできない。つまり、無力になってしまうのです。

家庭の中に、妻と夫、そして子どもがいるのなら、家庭という環境をつくっているのは妻と夫、そして子どもなのです。

夫婦関係がうまくいかないのは、誰か一人の責任ではなく、関係者皆の責任です。
会社の場合も同じだと考えてみてください。

これは、社会全体も同じです。

つまり、自分とは環境の一部であり、環境とは自分を含んだ全体のことなのです。
そして、関係者である以上、無力ではないのです。

ひと一人のチカラは、
微力かもしれないけれど、無力ではありません。

私たちは常に家庭や会社、社会を変えられるメンバーの一人なのです。

現状を思わしくないと感じ、あなたの気持ちが立ち上がれば行動が起きます。その行動の積み重ねが徐々に現状を変化させていくのです。

愛される女性の魔法のことば

微力かもしれないけれど、無力じゃない。

≪ A woman shines from 30 years old. ≫

5-4

「カッコよく生きよう！」と努力する人に、応援は集まる

悩める女性のカルテ

「生活費を親に頼っている彼とは、そろそろ別れたい」

「やりたい仕事が見つからないから、なかなか職が決まらない」

「次から次へと大変なことが起こる。人生は不公平だと思う」

人生の目的は、幸せになること。

それは、誰の人生も同じ。幸せというゴールを目指して、世界中の誰もが生きていると、私は信じています。

精神的な自律と、経済的な自立。

幸せになるために、私たちが努力しなくてはならないのは、「自立」と「自律」だと感じています。自立とは経済的に持続可能であること、自律とは精神的に何かの対象に依存していないという意味です。

もっと平たい表現にすると、「カッコよく生きよう！」ということかもしれません。

生活費を親に頼っている男性はカッコイイか、カッコ悪いか？

やりたい仕事が見つからないと言って働かない女性はカッコイイか、カッコ悪いか？

今はカッコ悪くても、カッコよく生きようとすることが、自立&自律への一歩です。

人生には失敗がつきものです。後悔は後に立ちません。

傷ついたり、傷つけたり、それもみな後から振り返れば幸せへの道だということに気がつくのです。

精神的な自律も、経済的な自立も一歩ずつです。二十代、三十代のうちにどれだけ完成に近づくか、体力があり失敗が許される今のうちに、一歩でも先に進むことが大切なことです。

私は、本書の読者であるあなたが、今よりもっと幸せな人生を送れるように、私の経験やメンター(師)や先輩に教えていただいたことを総結集して本にしています。

今、書店に並んでいるどの本の著者も同じ思いでしょう。

私たち人間に向上心がある限り、私たちは必ず幸せに向かっています。そして、著者が読者を想うように、親が子どもを想うように、神様は私たちのことを想ってくれています。

今はカッコ悪くても、カッコよく生きようとする人に、応援がいっぱい集まります。

愛される女性の魔法のことば

人生の目的は、幸せになること。

≪ A woman shines from 30 years old. ≫

5-5

「私だけが幸せ」は「私だけが不幸」の裏返し

悩める女性のカルテ

「なぜか職場では、いつの間にか好き嫌いで派閥をつくってしまう」
「昨日まで一番の仲良しだった同僚が、今日は別の人と仲良くしている」
「気の合わない同僚とは話したくない」

私はイチゴ。メロンちゃんはキライ。レモンちゃんは好き。

イチゴは、メロンには冷たくあたり、レモンとは仲良くしていました。

しかし、ある時、メロンとレモンが仲良く話しているのを見掛けてしまったのです。

イチゴは、ショックです。

そして、メロンと仲良くするレモンのことも嫌いになりました。

すると、ますますメロンとレモンが仲良くなっていきました。

いつの間にか、イチゴは自分の居場所をなくしてしまいました。


時々、男性から尋ねられます。

「なぜ、女性たちは好き嫌いで派閥をつくるの？」

さあ、一体なぜでしょう？


部下の女性同士が口を利かない、というのはよくある話で、業務に様々な支障を来《きた》します。そして幼稚な話だと切り捨てられないほど、深刻だったりします。

当の本人が「だって、仕方ないんだもん」と口を尖《とが》らせているうちは解決せず、イチゴちゃんのように居場所をなくしてしまい、自分が辞めることになったとき初めて案外いい職場だったことに気がついたりします。

好きか嫌いで人と付き合うのは、女性の性《さが》です。止めろと言われても、止められないものです。だとしたら、少なくとも「好きなところを探す」努力はしたいものです。

また、〝人〟ではなく〝事〟を見ることを心掛けてください。

特に職場では、大切なことです。好きだから、嫌いだからと仕事を選り好みせず、「やるべきこと」「協力すること」と、仕事を「事」と捉えると、目の前の仕事に集中することができるはずです。

「私だけが幸せ」にばかり気持ちが偏ると、気がついたときには「私だけが不幸せ」になりかねません。

なぜなら、幸せと不幸せは裏表だからです。

損して得取れ。という諺《ことわざ》があります。目先の好き嫌いや、自分の損得で動くのではなく、全体の調和や事の遂行を第一に考えて行動しましょう。

誰とでも仲良くできる「シロップ」のように無色透明で他のどのシロップとも馴染む存在を目指すのです。

神様はそんなあなたの努力を良く見ています。そして、努力するあなたを応援してくれるでしょう。

愛される女性の
魔法のことば

全体の調和を第一に考える。

≪ A woman shines from 30 years old. ≫

5-6

掃除が行き届いている「場」に「人」が集まり、「人」を呼ぶ

悩める女性のカルテ

「部屋が片付いていないので、ホームパーティーなんてとてもとても」

「元々シャイなので、ホスト役は務まらないと自覚している」

「何を出していいのか……。料理にまったく自身がない」

自宅に人を招くということは、慣れないと大変なことです。でも、慣れてしまえば何でもないことです。

私は、自宅ではなくオフィスによく人を招きます。キッチンがあるので、手料理を振る舞います。慣れてしまえば、数十人分の料理を一時間もあれば用意ができます。

このオフィスのことを、品川ライフ・シャイニング・サロンと呼んでいますが、ここはシェアサロンになっています。五社五名のオーナーで共有しているので、年間千人以上の方が訪れます。私はこのサロンでホームパーティーを開催することがとても好きです。

「場」があると、「人」が集まり、「人」がまた「人」を呼びます。そのためには、初めに「場」が必要です。

人が集まる「場」をつくるにはどうしたらいいでしょうか。駅から近い場所でしょうか、十分な広さですか、内装の豪華さ、それとも料理の美味しさでしょうか。どれもあったほうがいいのですが、一番重要なことは「行き届いた掃除」です。

掃除が行き届いているかどうかは、部屋に入った瞬間に分かります。「あ、気持ちいい」と感覚に訴えるのです。

その次に、インテリアや料理に目が行きます。人が集まる「場」とは、飲食店でもショップでも同じことが言えます。

パーティーを主催してみる。

パーティーは呼ばれるもの、と思っているかもしれませんが、ぜひ開く側の経験をしてみてください。自宅でなくてもレストランを借りてもいいでしょう。

日にちを決めて、料理を決めて、参加費を決めて告知する。ただこれだけのことですが、やってみると簡単ではありません。でも、挑戦するに値《あたい》する価値がいっぱいあります。

人と人を繋げることができる喜びを知るだけで、苦労なんてすっかり忘れてしまいます。

愛される女性の魔法のことば

パーティーを主催してみる。

≪ A woman shines from 30 years old. ≫

5-7

人と人の距離は、失敗を繰り返しながら上手に保てるようになる

悩める女性のカルテ

「誰からも好かれる自分を目指すのが嫌だ」
「人から干渉されるのが嫌い」
「プライバシーを守りたい」

お隣さんの家族構成を知っていますか？　名前を知っているでしょうか？　お隣さんのお隣さんは、いかがでしょうか？

最近は、表札を出さない家が増え、お隣さんの名字も知らない、ということもよくあることです。お付き合いが希薄になって寂しい反面、干渉もされずプライバシーが守られ心地良く過ごせるという利点もあります。

友だち同士でも同じようなことが起こります。親しくなればなるほどプライベートなことまで共有してしまうので、メンドクサイことも起こるのです。

人と人の距離感ほど、測りにくいものはありません。目に見えないので、お互いに認識が違ったり、思いも寄らぬ傷をつけてしまったり、傷ついたりします。

さまざまな失敗を繰り返しながら、徐々に上手に距離を保てるようになっていきます。それが、成長ということです。

近所のコミュニティでは守らなければいけないことがあります。年長者を敬い、老人や子どもを保護しなくてはいけません。

お互いに気持ち良く暮らせるように、音や匂いにも注意が必要です。

美観を大切にするドイツでは、洗濯物を外から見える場所に干していたら近所から叱られる、という話を聞きました。ガラスが汚れていても叱られることがあるそうです。郷に入っては郷に従うものとして、気をつけているとのことでした。

誰からも好かれる自分を目指すことが嫌だという人もいるでしょう。その考え方も分かります。でも、あえて……。

近所づきあいを大切にしましょう。

愛される女性の魔法のことば

近所づきあいを大切にする。

誰かの気配がしたらエレベーターをちょっと停めてみる。
子どもに微笑み掛けてみる。
たわいのない話をしてみる。
近所づきあいをするといっても、この程度です。

自分からほんのちょっとだけ、距離を近づけてみましょう。

Chapter 6

愛される女性は「毎日の習慣」がちがう

いつまでも若さを保っている女性は、
つねに十代、二十代の感性と交流し、
身体にいい習慣を持っている。

≪ A woman shines from 30 years old. ≫

6-1

身体にいい習慣を持っていると、心の調子もいい

悩める女性のカルテ

「身体のあちこちが痛い。調子が悪い」

「やり始めは気合い入れてがんばれるんだけど、続かない」

「年だから、いろいろ衰えるのは仕方がない」

私はほぼ毎日、ランニングをしています。
家の裏山を約一時間、ゆっくり歩いたり、走ったりします。途中、見晴らしのいい場所でストレッチをして、ベンチに寝転びます。時には座禅を組んで瞑想したりもします。

この習慣を持つようになったのは十年くらい前からですが、始める前に比べ、身体の状態が格段に良いのです。肩こり腰痛、坐骨神経痛、悩まされていたこれらの症状がキレイさっぱりなくなりました。

身体と心は繋がっています。

身体の調子が良くなれば自然に心の調子も良くなります。なぜもっと早く始めなかったのか？　と、悔やむほどです。

始めなかった理由を思い出してみると、「年だから仕方がない」という思いがあったように記憶しています。三十代の頃の話なので自分でもウソのような理由ですが、本気でそう思っていました。

年だから、肩こり腰痛、坐骨神経痛になっても仕方がない。年だから、肌が荒れたりシミができても仕方がない。「年だから」という理由をつけて、いろいろなことを諦めようとしていたのです。

考えてみると、六十代でも七十代でもピンピンしている人がいます。一方、以前の私のように、三十代でもガタガタの人もいます。違いをつくりだすのは、毎日のちょっとした習慣です。

一日一時間、裏山を走るのは、当時の私にとっては継続の難しいハードルの高いことでした。今では、なくてはならないこと、一生続けたいことに変わっています。

人は変われます。ちょっと習慣を変えるだけで年月を積み重ねると大きな違いとなります。

今までスポーツと縁が遠かった人は、身体を鍛えるのではなく、整える感覚で取り入れることがコツです。いきなり鍛えようとすると、身体が悲鳴を上げて三日坊主で終わってしまいます。

急がず、比べず、競わず、ウォーキングやヨガなど静かな運動から始め、徐々にジョギングを取り入れます。

身体と相談しながら、ゆっくり慣らしていきましょう。

愛される女性の
魔法のことば

身体を整えるスポーツをする。

≪ A woman shines from 30 years old. ≫

6-2

幸運、金運、恋愛運、仕事運。運を動かすフィットネス

悩める女性のカルテ

「運動を習慣にしたいけど、長続きしない」
「気がついたら一日中、座りっぱなしの日が何日も続く」
「疲れやすく肩こりがヒドイ」

今日私は、滋賀県と三重県にまたがる鈴鹿山脈の名峰「御在所岳《ございしょだけ》」登山をしてきました。登り三時間、下り一・五時間、ちょうどいい距離でした。帰りに、加水・加温・循環・添加物一切なし、源泉一〇〇％掛け流しの片岡温泉に入り、大満足の一日です。

山ガール・ブームで、女性だけの登山客も増え、お手洗いなどもキレイになったり、登山口の近くには温泉を備えた複合施設ができたり、道の駅が整備されたり、大人も子どもも一日中楽しめます。

私が登山やランニングを始めたのは五年前です。私が誘ったことがきっかけで主人も始め、フランスのメドックマラソン（ワインを飲みながら走るフルマラソン）やサイパンのフルマラソンに一緒に出掛けたり、沖縄の那覇マラソンは年末の恒例イベントになりつつあります。

富士山、白山……、様々な霊山にも登り、帰りにお寺を訪ねて写経をしたり、温泉に浸かったり、身体を動かす趣味を持てて本当に良かったと思います。

身体を動かすことによる有り余るメリットについては、拙著『そろそろ走ろっ!』(ダイヤモンド社)で一冊の本に纏めましたが、五年前の私のように運動不足で体調をくずしたり、肩こりや腰痛に苦しんだり、サプリメント代が嵩《かさ》んだりしている方には、日常的に身体を動かすことを心から勧めたいです。

運を動かすと書いて、運動です。

あなたの運をちょっと動かしてみたかったら、無理のない運動をすることです。

継続して続けるためには、次のことを守るといいでしょう。

運動を始めようとすると、張り切りすぎて無理をして怪我《けが》をしたり、身体を痛めつけるようなトレーニングをして、続かなかったりすることを避けるためのアドバイスです。

・心拍数を上げ過ぎない（おしゃべりできる程度の速度）
・自然の中を歩いたり走ったりする（五感で自然を感じる）
・「楽しいな」「気持ちいいな」を大切に！

フィットネスにより運が動き、あなたの元に金運、恋愛運、仕事運など様々な幸運が巡ってくるでしょう。

愛される女性の魔法のことば

運を動かしたかったら、運動。

6-3

ダイエットしなくてもいい 身体づくり 「らんらんランニング」

悩める女性のカルテ

「ダイエット情報には敏感で、一応試してはみるのだけど……」
「冷え性なので、太る体質なんだと諦めている」
「ダイエットに成功しても、すぐリバウンドしてしまう」

美しくなりたい人はメイク関連グッズを揃え、英語を話したい人は英会話教材を揃えるように、痩せたい人はダイエット情報を揃えます。

メイクも英会話もダイエットも、「しなくてはならない」という気持ちでは続かず、「したい！」「なりたい！」と心から動機づいたとき、初めて継続することができます。

一方、肌がキレイであると美しく、仕事で英語を使うと上達するように、ダイエットを成功させたかったら基礎代謝（何もせず一日寝続けたとしても消費されるカロリー）の高い体になることです。

体温の高い人は基礎代謝が高いということが言えるようです。基礎代謝を高めるための私のオススメは「らんらんランニング」です。

「らんらんランニング」とは、「歩く」と「走る」の間。ジョギングと言えなくもないのですが、『Run for Peace～世界を結ぶ私の一歩～』というフィロソフィー(理念)のあるジョギングです。

〈らんらんランニング〉

①時間を決める

↓ 今日は三十分。今日は四十五分。というように、時間を決めます。距離を決めず、時間を決めることが大切です。

②自然に囲まれたコースを探す

↓ 建物の中や街ではなく、森林公園などが最適です。

③**平和を祈りながら、走ったり歩いたりする**

↓ ゆっくり歩く。そして、走りたくなったら走ります。そしてまた歩きます。これを繰り返します。

④①で決めた半分の時間が経過したら来た道を戻る

↓「もうちょっと走れるのに」という余力を残して終わります。

このとき、宮城県気仙沼の裁縫工場で創られたオレンジマフラーを首に巻くのが、正式な『Run for Peace～世界を結ぶ私の一歩～』のチャリティーランナーの証です。

祈る対象は、家族の健康や試験の合格、良縁や仲直り、何でも良いのです。毎日祈れば、神様も聞き入れてくれますよ。

愛される女性の魔法のことば

平和を祈りながら、走ったり歩いたりする。

≪ A woman shines from 30 years old. ≫

6-4

「自利」「利他」のバランスがいいと、幸せを感じられる

悩める女性のカルテ

「会社で嫌なことがあった日は、必ず食べ過ぎてしまう」
「飲み仲間に誘われると断れなくて、深夜までつきあってしまう」
「社会活動に一生懸命で、ついつい自分のことが後回しになってしまう」

飲み過ぎ、食べ過ぎはストレスの現れです。

ストレスを抱えたまま、「飲み過ぎないようにしよう」「食べ過ぎないようにしよう」と気をつけても、さらにストレスが溜まり、結局飲み過ぎたり、食べ過ぎたりしてしまいます。

心と体は繋がっています。

心で幸せを感じられなくてストレスを溜めると、飲んだり食べたりして満たそうとします。

どんなに飲んでも食べても幸福感が満たされずストレスは解消されないので、さらに飲んだり食べたりします。

この時代、「ストレスのない人なんていない！」と、思われるかもしれませんが、バランス次第でストレスはかなり軽減されます。バランスとはワークとライフを超えた、人生のトータルバランスのことです。

有り余るお金があり、欲しいものや行きたいところに行けても、人との繋がりや社会との繋がりが希薄だと幸せを感じられません。

逆に、どれだけ仲間が居ても、社会貢献度の高い仕事をしていても、住むところや食べるものに困っていたら、幸せを感じられません。

自分良し、相手良し、社会良し。

幸せという感覚は「自利」「利他」のバランスによって導き出されるものです。自分良し、相手良し、社会良し。の三方良しが理想です。

さらに、私たちは繋がっています。ストレスが溜まっている人は、ストレスが溜まっている人と繋がりやすく、バランスのいい人はバランスのいい人と繋がりやすいのです。

自分が変わると、友だちが変わることがあります。

今まで仲の良かった人と疎遠になり、逆に疎遠だった人と仲良くなったりします。

少し寂しくもありますが、それは致し方ないこと。自分が成長した証ととらえ、新しい友だちと仲良くしましょう。

愛される女性の魔法のことば

自分良し、相手良し、社会良し。

≪ A woman shines from 30 years old. ≫

6-5

よく考えず、直感で判断し、やりながら調整する

悩める女性のカルテ

「Facebookのように、好きか嫌いかの世界について行けない」
「年下の人や初対面の人とは、距離感をすぐに埋められない」
「決断するのに、時間がかかる」

インターネットを使って個人が気軽に情報発信したりビジネスを興せるようになってから、まだ二十年も経ちませんが、その広がりは目を見張るものがあります。

SNSの繋がりはFacebookの「いいね！」に代表されるように、いいと思うか思わないか、好きか嫌いかの世界です。

以前は、異業種交流も国際交流も対面から始まるケースがほとんどだったので、限られた人同士の繋がりでした。今は、対面から始まらないケースも多々あるでしょう。

私は渡欧中、延べ二十回のワークショップや映画の上映会をヨーロッパ各地で行いましたが、各回のオーガナイザーとは、ほとんど当日が初対面でした。事前に誰かの紹介で繋がり(Facebookで友だちになり)メッセージを交わして当日の概要を決めてしまうのです。

オーガナイザーは、私の過去に投稿した記事を読んだり、ホームページを見たりして、会場を予約し、集客のための告知文を書いて申込受付をします。

まず決断し、やりながら調整する。

メールやメッセージで毎日のように届く「イベントのお知らせ」。誘いに乗るか乗らないか直感に任せている人が多いでしょう。

以前は、十分な情報を集めて、誰かに相談し、よく考えて決断していたことでも、今ではまず決断し、進めながらいくらでも調整することができるようになりました。

今の小学生は、生まれた頃からインターネットと共に成長しています。あと十年もすると、彼らが社会に出てきます。その頃、根本的に人と人との繋がり方は変わるでしょう。

「まず決断し、進めながら調整する」人と人との繋がり方やビジネスの進め方に、徐々に慣れていきましょう。

愛される女性の魔法のことば

SNSで、繋がる。

≪ A woman shines from 30 years old. ≫

6-6

身体の中をキレイにするキラキラ呼吸法が、愛される秘密

悩める女性のカルテ

「ストレスを上手に発散することができない」
「感情をコントロールする方法が分からない」
「いけないことは分かっても、ついイライラ、ガミガミしてしまう」

身体の中には目に見えないゴミが溜まるものです。目に見えないゴミとは、ネガティブな思いとか、我慢している事とか、言いたいけれど言えない思いなどです。これらをキレイに掃除する呼吸法があります。

〈キラキラ呼吸法〉

①まず、ソファでもベッドでもいいので、リラックスできる環境であおむけに寝ます。そして、自分のペースで二〜三回深呼吸をします。

②その次に、頭の真ん中にある気の通り道から息を吸い込むイメージで、キレイな空気を身体の中に取り込んでください。

③そして、身体の隅々までキレイな空気が駆け巡り(このとき、身体の中にキラキラの粉が振り撒かれるイメージで)、身体の中がキラキラになったことを意識します。

④次に、息を吐くときは足の裏にある気の通り道から空気が出ていきます。この時、身体の中にあったゴミのようなものが全部外に出ていくイメージです。

黒や灰色など色をつけてもいいですし、汚れた水のようなイメージでもOKです。

同じようにシャワーを浴びながらキラキラ呼吸法を行い、水と一緒にゴミを流していくイメージを持って深呼吸しても良いでしょう。

ゆっくり呼吸する。

約束の時間に遅れそうだったり、子どもをきつく叱ってしまいそうになったり、夫や彼と口論になりそうになったら、グッと我慢して一呼吸。吐く息と吸う息を意識しながらふか〜く、ふか〜く、ゆっくり呼吸してみます。

すると、焦りや怒りが徐々に治まり、やがて感情をコントロールできるようになっていきます。

感情を上手にコントロールできない女性は多いものです。だからこそ、「キラキラ呼吸法」と「ゆっくり呼吸」で、自分の感情をコントロールできるようになると、愛されるあなたになることができるのです。

愛される女性の
魔法のことば

ゆっくり呼吸する。

≪ A woman shines from 30 years old. ≫

6-7

心配性やワーカーホリックとさよならする

悩める女性のカルテ

「使わない確率が高い物まで持ち歩かないと済まないクセがある」
「家を出るまでの準備に2時間掛かってしまう」
「現実には起こらないことを、あれこれ心配してしまう」

男性からの質問に、同じ女性でありながら答えに窮《きゅう》する質問があります。

例えば、「彼女、朝起きてから出掛けるまでの準備に二時間掛かるんだけど、何をしているんだろう？」「女性が持ち歩く大きなバッグの中に、何が入っているの？」などです。

朝、時間が掛かる女性は、一緒に旅してみたりするとよく分かります。ひと言でいうと、エンジンの掛かりが遅いのです。シャワーもゆっくり、髪を乾かすのも、化粧水をつけるのもゆっくり。

改善策は、誰かのために朝食をつくったり、お弁当をつくったりすること。自然に時間に追われ、エンジンの掛かりが速くなっていきます。

バッグの中身をシンプルにする。

バッグの中身をシンプルにするにはどうしたらいいか？
それは、とても簡単です。小さなバッグを持てばいいのです。

小さなバッグに必要な物だけ入れようとすると、必要以上に大きな化粧ポーチは入らないし、読まない本が何冊も出てきたりして、あっという間にシンプルになります。

家の中をスッキリ片づけると気持ちもスッキリするように、バッグの中をスッキリさせると身も心も軽くなるので、試してみてください。

片方の肩に重たいバッグを下げる癖があると肩こりがひどかったり、姿勢が悪くなったりします。

また、「雨が降るといけないから傘を持とう」とか、休みの日なのに「電話が掛かるかもしれない」と言って、会社の電話と自分の電話を二つ持ったりする思考のクセを見直すきっかけにもなります。

心配性やワーカーホリックは、知らないうちに深みにはまるものです。

「雨が降ったら、誰かの傘に入れてもらえばいい」と考えて傘を置いたり、「今日は休みだから、会社の電話は留守電にしておく」と決めて電話を置くことが、習慣の改善に繋がるのです。

愛される女性の魔法のことば

小さなバッグを持つ。

おわりに

仕事も恋も人生も!
開いて、緩めて、自分らしく輝きましょう。

がんばればがんばるほど幸せになれた時代から、いつの間にか、がんばればがんばるほど幸せから遠のく時代になってしまいました。
女性として生まれてきたあなたに、女性としての幸せを感じてほしい。そんなシンプルな想いから、本書は生まれました。

仕事も恋も人生も! 幸せを引き寄せる「五つの誓い」
誓い 1. 運動を楽しみましょう。
誓い 2. 食べることを楽しみましょう。
誓い 3. 休むことを楽しみましょう。

誓い 4．仲間を大切にしましょう。
誓い 5．人生を楽しみましょう。

幸せを引き寄せる「五つの誓い」を守りながら、本書でご紹介した45の「幸せな女性になるためのヒント」を心に留め、日々の生活を送ってみてください。きっと新しい自分に出逢えるはずです。

本書が、「幸せを感じられない↓何かが足りない↓がんばる↓まだ幸せを感じられない↓まだ何かが足りない↓もっとがんばる」という負のスパイラルから抜け出せるきっかけになれたら幸いです。

あなたが愛する人に愛され、女性に生まれた幸せを思う存分味わえますように……。

心から応援しています。ありがとうございました。

あきた いねみ

本書は、『仕事も、恋も、人生も！ 愛される女性の魔法のことば』（２０１３年11月／ぱる出版刊）を改題・再編集し、文庫化したものです。